Made in the USA
Monee, IL
05 August 2021

75056051R00066